Johann Jakob Hemmer

Grundriss einer Rechtschreibung

Johann Jakob Hemmer

Grundriss einer Rechtschreibung

ISBN/EAN: 9783744601269

Hergestellt in Europa, USA, Kanada, Australien, Japan

Cover: Foto ©Andreas Hilbeck / pixelio.de

Weitere Bücher finden Sie auf **www.hansebooks.com**

Jakob Domitor's,

kurpfälzischen Rates,

Grundriß

einer

dauerhaften Rechtschreibung,

Deütschland

zur Prüfung forgeleget.

Manheim,
in der kurfürstlichen Hofbuchdrukerei,
1776.

Es ist nicht genug, daß man einreiſe; man muß auch darauf denken, wi man wider aufbaue.

           Chalotais.

Eingang.

Eine der herlichsten Erfindungen, di der menschliche Ferstand jemals zur Welt gebracht hat, ist one Zweifel di Kunst zu schreiben. Mit den Abwesenden reden, inen di wichtigsten Geheimnise mitteilen, Handel und Geschäfte mit den entferntsten Landschaften treiben, di Geschichte, Künste und Erfindungen der fergangenen und jezigen Zeiten der Fergesenheit entreisen, si auf di Nachkömlinge fort pflanzen, und der Unsterblichkeit übergeben, wi könte wol ales dises one Schrift gescheen? Es ist daher kein Wunder, das ale gesitete Fölker der Welt dise unfergleichliche Kunst zu alen Zeiten mit der grösten Sorgfalt ferwaret, und zur Folkomenheit zu bringen gesuchet haben. Durch welches traurige Ferhängnis mag es aber

A wol

wol geschehen sein, das diser edle Zwek, dise so senlich gesuchte Folkomenheit noch zu keiner Zeit, noch an keinem Orte erreichet worden ist? Den welches Folk hat seine Rechtschreibung jemals so bestimet, das ein Weltweiser ir seinen Beifal in keinem Stüke häte fersagen könen, oder das es mit sich selbst zu Friden und einig gewesen wäre? Wi file Zweifel, Streitigkeiten und Feränderungen sind nicht schon bei den Grichen und Römern in Anseung der Zal, des Lautes und Gebrauches irer Buchstaben forgefalen? Dise Streitigkeiten wären bei aien heütigen Fölkern, denen di Richtigkeit irer Rechtschreibung angelegen ist, noch imer fort. Den Beweis dafon legen uns di Schriften der Franzosen, Wälschen, Ängelländer und so weiter, satsam for Augen.

Machen wir Deütsche hir eine Ausname? Wi ser wäre dises nicht zu wünschen! Alein auch auf uns hat sich dises Übel leider fort gepflanzet, und zwar so, das es sich ungeachtet aler Müe, di wir auf unsere Sprache und Rechtschreibung gewendet haben, bis auf den heütigen Tag in seinem Besize fast fölig erhalten hat. Geen wir fon Otfriden bis auf unsere Zeiten; groser Got,

welch

welch ein erſtaunlicher Unterſchid der Recht-
ſchreibung, auch in denjenigen Wörtern oder
Wortglidern, di in der Ausſprache unferändert
gebliben ſind! Doch wir wolen in diſe roen
Zeiten nicht ein Mal zurük geen. Wir wolen
nur fon jenen bis auf uns herab ſteigen, in welch-
en Deütſchland ſich ein forzügliches Geſchäft aus
der Berichtigung ſeiner Rechtſchreibung gemachet
hat; bleibet der Unterſchid derſelben in diſem
Zeitraume nicht eben ſo gros und erſtaunens-
würdig? Noch mer. Wir wolen blos bei unſerer
heütigen Rechtſchreibung ſteen bleien; und welche
Ungleichförmigkeit und Ferwirung finden wir
nicht darin! In welchen Wörtern hat di Fer-
dopelung der Selbſt- und Mitlauter Stat? Wo
iſt das Ferlängerungs-h zu brauchen? Sezet man
nach dem langen i bilig ein ſtumes e? Wi fer-
hält es ſich mit dem Gebrauche des c, des k und y?
Geet di Ausſprache der Herleitung, oder diſe jener
for; oder müſen ſi das Recht irer Anſprüche teil-
en, und auf welche Art u. ſ. w.? Man nene mir
nur zwei Schriftſteler, di ſich über diſe Fragen
folkomen fereiniget haben. Zwei iſt wenig,
aber ich bin kün darauf, man wird ſi dennoch
nicht finden. Daher ſchreibet einer Haar,

A 2   Schaar,

Schaar, Staar, Saal, Scheere, Schoos; der andere Har, Schar, Star, Sal, Schere, Schos. Diser schreibet hatt, schlieff, Kenntniß, Gräfinn, kömmt, fällt; jener hat, schlief, Kentnis, Gräfin, kömt, fält. Hir list man wohl, ohne, Natuhr, Kuhrhut, Zahl; dort wol, one, Natur, Kurhut, Zal. In diser Schrift findet man lieb, Cato, Candidat, Construction, bey, Sylbe, schreyen; in jener lib, Kato, Kandidat, Konstruktion, bei, Silbe, schreien. Einem gefält teütsch, Papst, ämsig, schälen (einen Apfel), zählen; dem andern beütsch, Pabst, emsig, schelen, zehlen u. s. f. Ja, was noch weit mer zu bewundern ist, man findet oft in einem und demselbigen Schriftsteler ein Wort auf ferschidene Art ausgedrüket. So hat z. B. Gottsched bisweilen Kameel, bisweilen Kamehl, ein anderes Mal Kamel, Gellert bald der Tobt, bald der Tod, Geßner jezt Hayn, danach Hain geschriben, und so fon andern. Würde Hans Fabrizius seine Klagen, di er for mer als 200 Jaren über di Fer-

wir-

wirung unserer Rechtschreibung geführet hat, nicht auch zu unsern Zeiten noch anstimen, wen er lebete: „Ich wais schier nicht, was daraus werden „wil zu letzt, ich zu meinem theyl wais schier „nicht, wie ich meine schulers leren sol, der ur-„sachen halben, das yetzunder, wo unser drey „oder vier Deutsche schreibers zusammen koment, „hat yeder ein sonderlichen gebrauch „*).

Füret nicht der grösste Haufen der Libhaber unserer Mutersprache noch wirklich mit disem erlichen Mane einerlei Sprache? Müsen wir nicht, wen wir ofenherzig sein wolen, selbst bekenen, das wir, aus Mangel fernünftiger und sicherer Regeln, nicht wisen, wi wir schreiben solen? Eble Deütsche, werteste Landesleüte, wan werden wir doch di Kwele diser Klagen ein Mal stopfen? Wird es den nicht bald Zeit sein, das Joch der Forurteile, dises unerträgliche Joch, das unsere Forfaren und uns bisher so demütigend gedrüket hat, fon uns abzuschütteln? Solten wir den in disem Jarhunderte, wo bi aufgeklärte Fernunft ale schöne Künste und Wisenschaften in

A 3   ein

---

*) In seinem zu Erfurt gedrukten ortografischen Werkchen fom Jare 1531.

ein so herliches Licht sezet, solten wir in disen unsern Zeiten, wo Deütschland seine Muter=sprache mer libet, schäzet und bearbeitet als jemals, solten wir da, sage ich, nicht auch so weit komen, das wir unsere Rechtschreibung aus dem Dunkeln, aus irem alten roen Wesen heraus zögen, und ir eine anständige, und zugleich dauerhafte Gestalt gäben? Dises so rümliche, so lang und so senlich gewünschte Zil werden wir unfelbar erreichen, wen wir nur Ernst zeigen. Eine grose Menge unserer Mitbrüder, di des schlependen Tandes müd sind, steet wirklich bereit, di alten Bande zu zerreisen, und mit Eifer Hand an das Werk zu legen, so bald man nur einen glüklichen Anfang gemachet haben wird. Einige zeigen es durch ir mit Unwilen begleitetes Wanken im Rechtschreiben; andere haben sich in iren Schriften öfentlich und laut erkläret.

Zu Erreichung dises Ziles wäre eine algemeine deütsche Sprachgeselschaft, wozu formals Heräus am kaiserlichen Hofe Karls des 6ten den Forschlag getan hat *), one Zweifel ein schönes und

kräft=

*) S. seine unforgreifl. Gedanken in der 2ten Auflage seiner Ged. a. d. 264 S.

kräftiges Mitel. Alein weil daselbe ser kostspilig ist, und daher so bald noch nicht ergrifen werden dörfte: so wil ich es wagen, ein anderes hir forzuschlagen, das, meinem Dünken nach, fil leichter ist, und mit jenem doch son gleicher Wirkung sein kan.

Müsen den bijenigen, di über ein Werk ratschlagen, eben ale Mal beisamen sein? Werden nicht oft di wichtigsten Geschäfte unter Abwesenden glüklich zu Ende gebracht? Di Fäle, welche di Fersamlung der Ratschlagenden notwenig machen, haben bei dem Geschäfte der Rechtschreibung nicht Stat. Di Ferzögerung ist hir mit keiner Gefar, und di Samlung der Stimen der zerstreüeten Ratsglider mit keinen zu grosen Schwirigkeiten serknüpfet. Es fängt einer an, seine Meinung zu sagen, und machet si Deütschland durch den Druk bekant. Di Libhaber irer Mutersprache aus alen deütschen Landschaften prüfen dise Meinung, und machen di irige hernach ebenfals entweder durch besondere Abhandlungen, oder durch di gelerten Zeitungen, oder durch geschribene Brife bekant, di aber auch durch einen Samler dem Druke wider übergeben werd-

werden. Auf dise Weise wird es sich bald zeigen, wo der fernünftigste Teil sich hin lenke. Diser wird den übrigen Teil, wen er sich auch noch so hartnäkig widersezen solte, frü oder spat nach sich zien: den Deütschland ist, dem Himel sei Dank, zu erleüchtet, als das di Fernunft bei im über das Forurteil nicht endlich fölig sigen solte.

Weil ich nun disen Forschlag getan habe: so neme ich zugleich di Freiheit, meine Meinung zu erst zu sagen. Ich wil si aber keines Weges als ein entscheidender Lerer, oder als ein gebiterischer Gesezgeber forgetragen haben; nein, es sind ganz unforgreifliche Gedanken, wodurch ich gleichsam nur frage, und Unterricht begere, und di ich folglich der Prüfung aler Kener und Libhaber fölig und wilig unterwerfe. Man lache, wen man Lust dazu hat, gleich bei dem ersten Anblike des Gemäldes, das ich hir zur öfentlichen Schau ausstele; man table, man ferwerfe, man ferbäsere daran, was man imer wil; ales werde ich ruig und gelasen anhören. Nur wil ich mir di Erlaubnis ausgebeten haben, meine Stime bisweilen hinter dem Gemälde sanft herfor tönen zu lasen, und den Beurteilern zuzusäuseln:

F e r-

Fernunft, meine Freünde; meine
Freünde, Gründe und Fernunft!
Übrigens habe ich dises Gemäld, so, wi ich es
in meinem Sine entworfen habe, nicht fölig aus-
gemalet. Ich habe gefürchtet, ich möchte di
Augen der Zuschauer durch di ungewönliche Fer-
bindung zu filer neüen Züge gleich anfänglich zu
ser beleidigen.

Her Schwan, kurfürstlicher Buchfürer zu
Manheim, hat sich anheischisch gemacht, di
Stimen zu sameln. Es werden daher ale
deütsche Geselschaften, ale Kener und Gelerte,
ale Libhaber irer Mutersprache, wi si auch
imer heisen, auf das Freündlichste gebeten, ir
Urteil über disen Grundris, und ire ferneren
Gedanken zur Festsezung unserer Rechtschreib-
ung, jezt gedachtem Hern Schwan gedrukt oder
geschriben, so bald es möglich ist, zuzuschiken.
Meiner Seits fersspreche ich, di eingelaufenen
Urteile, wen si das Licht nur einiger Masen
fertragen könen, mit Beifügung des Namens der
Hern Ferfaser, oder, wen man es begeren wird,
mit Ferschweigung desselben, wider öfentlich be-
kant zu machen.

A 5   Grund-

Grundriß
einer dauerhaften Rechtschreibung,
Deütschland
zur Prüfung forgeleget.

1 §.

Nichts in der Welt one Ursache. Diser Grundsaz hat nicht nur in alen Begebenheiten der Natur, sondern auch in alen menschlichen Handlungen Stat. Es mus also auch notwendig eine Ursache for Handen sein, warum wir fil mer so als anders schreiben, oder schreiben solen. Der fernünftige, der weise Mensch suchet nach lauter guten und richtigen Gründen zu handeln, bi mit andern bekanten Warheiten, wi di Glider einer Kete, genau verbunden sind, und in durch den kürzesten und leichtesten Weg zu seinem Zweke füren. Es dörfen dem nach bi Gründe, di uns

in

in Beſtimung und Ausübung der Regeln der Rechtſchreibung leiten ſolen, auch keine andere als von diſem Schlage ſein, wo fern wir fernünftig zu Werke geen wolen. Laſet uns ſeen, wo uns diſe Warheit hin füret.

2 §. Was iſt di Schrift? Es ſind gewiſe Züge auf dem Papire (oder was ſonſt di Stele des Papires fertrit), durch welche wir di Laute des Mundes abbilden, und gleichſam dahin malen. Hirin komen ale ſchreibende Völker überein, di Chineſer ausgenomen, deren Schrift nicht di Stime des redenden Menſchen, ſondern di Sachen ſelbſt ausbrüket, wofon man redet.

3 §. Gleich wi alſo ein Maler im Auftragen der Farben, in den Zügen ſeines Pinſels, ſich nach nichts anders als nach dem Gegenſtande, den er abmalen wil, zu richten hat: ſo iſt auch di einzige Regel des Schreibenden der Laut des Mundes, den er durch di Feder abzeichnen wil, oder di Ausſprache *).

4 §.

*) Ego ſic ſcribendum quicque judico, quomodo ſonat: hic enim Uſus eſt Literarum, ut cuſtodiant Voces, & velut Depoſitum reddant legentibus. Quintil. Inſtit. orat. L. 1. Cap. 7.

4 §. Ein Schreibezug, der einen einfachen und unteilbaren, zu einem Worte gehörenden Laut abbildet, heiset ein **B u ch st a b**. Di ware, eigentliche und ursprüngliche Bestimung eines jeden Buchstaben ist dem nach, nicht di Beschafenheit oder den Umstand eines Lautes, sondern den Laut selbst, der ein Teil eines Wortes ist, auszubrüken.

> a) In manchen Sprachen felet es an hinlänglichen Zeichen, disen oder jenen einfachen Laut auszudrüken. Um disen Mangel zu ersezen, hat man seine Zuflucht zur Zusamensezung mererer, für andere Laute schon bestimter Buchstaben genomen. Solche zusamen gesezte Buchstaben sind z. B. im Deütschen sch, ch, ng, im Französischen eu, im Jtaliänischen sc, wen es for e oder i stet, und so weiter. Der erste Laut in **s ch o n**, und der lezte in **B r u ch** und **l a n g** sind ganz einfach, und wir geben iren geschribenen Zeichen deswegen auch billig einfache eigene Namen, nämlich sche, che, ang. Den da keiner der einzelen Buchstaben, woraus dise zusamen gesezten besteen, seinen eigenen Laut in der Zusamensezung behält: so sind di Namen sch, ch, ng höchst ungereimt. Eben so drüket das französische eu, und das wälsche sc nichts anders als di einfachen Laute ö und sch aus. Und durch dises Mitel haben wir uns ein folständiges

Abe

Abe *) gemachet, das ist, wir könen ale einfache Laute unserer Sprache durch einfache oder zusamen gesezte Buchstaben ausdrüken.

5 §. Wolen wir nun di Buchstaben irer Einsezung und Natur nach, und nach Forschrift der Fernunft gebrauchen: so werden wir di drei folgenden Regeln, di schon di Heren son Port roial gegeben haben **), nicht aus den Augen lasen dörfen.

I Regel. Jeder Buchstab sol einen Laut anzeigen, das ist, man sol nichts schreiben, was man nicht ausspricht.

Den so bald ein geschribener Buchstab zu was anders als zur Anzeige eines Lautes gebrauchet wird: so wird er misbrauchet; er weichet som Zile seiner Einsezung ab; er ferliret seine Natur, und bleibet kein Buchstab mer (4 §).

II Regel.

*) Ist eben so fil als Alfabet. Diser lezte Namen kömt son den zwei ersten griechischen Buchstaben her. Warum solten wir nicht auch son unsern zwei ersten Buchstaben Abe sagen könen, wi man wirklich in einigen Gegenden des Niberreines spricht?

**) Grammaire gen. & raisonnée, Chap. 5.

II Regel. Kein Laut sol durch ferschidene Buchstaben ausgedrüket werden.

Fergebens brauchet man merere Mitel, wo eines genug ist. Hat also eine Sprache für disen oder jenen Laut einen gewissen, eigenen, bestimten Buchstaben: was solte si mit andern Buchstaben für eben den Laut machen? Dise Buchstaben wären nicht nur unnüz und überflüsig, sondern würden auch oft, wo fern si nicht ganz one Unterschid gebrauchet werden solten, Ursache zur Ferwirung geben. Den wer würde mir fernünftig bestimen könen, wo ich disen, und wo ich jenen brauchen solte? Ich würde also billig ansteen, und dasselbige Wort heüt so, morgen anders schreiben.

III Regel. Ein jeder Buchstab sol nicht mer als einen Laut anzeigen.

Es wäre in der Tat eine merkliche Unfolkomenheit eines Abees, in welchem sich nicht so file Buchstaben fänden, di zusamen gesezten mit gerechnet, als Laute in der dahin gehörigen Sprache sind. So haben z. B. di Franzosen und Wälschen in iren Sprachen den Laut k, aber si haben keinen besondern Schreibezug dafür. Si sind daher genötiget, disen Mangel durch einen Buchstaben zu ersezen, der, wi sein Namen zeiget, zu einem ganz andern Laute bestimet ist. Diser Buchstab ist das c, das bei den erstern

diser

dıser Fölker ſe, bei den lezterrn tſche heiſet. Wo
aber diſer Mangel nicht gefunden wird, ſondern für
jeden Laut der Sprache auch ein beſonderer, eigener
Buchſtab for Handen iſt: da wäre es gewis eine
Sache, di keine Fergebung ferdinete, wen man einen
Buchſtaben bald für diſen, bald für jenen Laut
brauchen wolte. Würde nicht ſeine urſprüngliche
Beſtimung, und ſeine eigene Benenung, in einigen
Fälen diſes Gebrauches notwendig hintan geſezet
werden müſen, der Zweifel, Ungewisheiten und Un-
ordnungen, di dabei unfermeidlich wären, zu ge-
ſchweigen?

6 §. Di erſte der jezt erklärten Regeln zeiget
uns di Notwendigkeit an, merkliche Änderungen
in unſerer Rechtſchreibung forzunemen. Ir zu
Folge müſen wir 1) das Ferlängerungs-h, 2)
das Ferlängerungs-e, 3) ale Ferdopelungen ſo
wol der Selbſtlauter als der Mitlauter abſchafen:
den ale diſe Buchſtaben ſind ſtum; ſi laſen ſich
im Ausſprechen der Wörter, worin ſi ſteen, nicht
hören. Laſet uns di Sache etwas genauer er-
läutern.

7 §. In alen uns bekanten Sprachen finden
wir lange und kurze Selbſtlauter. Über diſe eilet
di Zunge raſch her; auf jenen hält ſi ſich länger
auf.

auf. Di Dauer des Lautes, den bi ausgesprochenen Selbstlauter hören lasen, nenet man das Zeitmas. An der richtigen Beobachtung dises Zeitmases ist unendlich fil gelegen: den dasselbe ferkeren, hise di Sprache selbst ferkeren, und ein Kauderwälsch herfor bringen, das man gar nicht, oder mit der grösten Not fersteen würde. Disen Feler begeen wir z. B. fast durchgeends in der heütigen Aussprache des Lateines. Den wir sprechen Causa in der ersten Endung aus, wi in der seksten, legimus in der gegenwärtigen wi in der fergangenen Zeit, os (Mund) wi os (Bein), und so weiter, wo doch di Lateiner den Unterschid der Länge und Kürze genau beobachtet haben.

8 §. Ist es aber auch notwendig, den Unterschid des Zeitmases im Schreiben zu bemerken? Di alten Römer hilten es dafür, und ferdopelten daher di langen Selbstlauter zum Zeichen irer Länge, di kurzen hingegen lisen si einfach steen; z. B. Aala, feelix, Voocem. Dises triben si, nach Kwintilians Zeügnise *), bis zu den Zeiten
des

---

*) Usque ad Accium & ultra porrectas syllabas geminis vocalibus scripserunt. Instit. orat. L. 1. C. 7.

des Akzius, wo man dise Ferdopelung aufhob, den Kwerstrich (apex) dafür einfürete, und folglich āla für aala schrib u. s. w. Wo fern das Zeitmas im Schreiben bemerket werden solte: so mus man gesteen, das dise beiden Arten fil leicht di bässten und fernünftigsten wären, di man ausfindig machen könte. Si sind beide algemein, einfach, leicht, und nicht der geringsten Ferwirung unterworfen. Di Ferdopelung des geschribenen Selbstlauters kömt der Aussprache zimlich nae: den wer einen Selbstlauter im Sprechen denet, der ferdopelt (oder ferfilfältiget) in einiger Masen, wi wol dise Ferdopelung eigentlich nur son dem a b g e s e z t widerholten Aussprechen eines Selbstlauters ferstanden wird. Der Kwerstrich ferdinete dennoch bilig den Forzug for der Ferdopelung, erstlich weil er kürzer ist, als dise; zweitens weil einer der dopelt geschribenen Selbstlauter im eigentlichen Ferstande nicht ausgesprochen wird. Allein dise beiden Zeichen des Zeitmases sind son ferschidenen Gelerten angefochten worden, und endlich ganz abgekomen, wi wir den auch im heütigen Lateine nichts mer dafon wisen. Luzilius war einer son denen, di sich öfentlich dawider erkläret hab-

B en

en *). Auch Kwintilian hat si fast gänzlich ferworfen. Er wolte den Kwerstrich nur in einigen Fälen beibehalten haben, da nämlich, wo di Bedeütung des Wortes sich änderte, nach dem ein Selbstlauter desselben kurz oder lang ausgesprochen würde. In den übrigen Wörtern, meinet er, wäre es ser überflisig, wen man bi langen Selbstlauter bezeichnen wolte. „Di Natur des ge„schribenen Wortes, saget er, zeiget schon mer„sten Teils selbst an, welche Silbe lang, welche „kurz ist „ **). Diser Grund ist ser bündig, und ich see nicht, wi er fernünftig bestriten werden köne. Den ein Folk hat den Masstab der Länge und Kürze der Silben für ale Wörter der Sprache,

*) A primum longa & brevi Syllaba; nos tamen unum hoc faciemus, & uno eodem, ut diximus, pacto scribemus *pacem, placide, Janum, aridum, acetum.*

**) Ut longis Syllabis omnibus apponere Apicem ineptissimum est, quia plurimæ natura ipsa Verbi, quod scribitur, patent; sed interim necessarium, cum eadem Litera alium atque alium Intellectum, prout correpta vel producta est, facit, ut *malus*, utrum Arborem significet, an Hominem non bonum, Apice distinguitur. Instit. orator. L. I Cap. 7.

Sprache, di es spricht, schon in den Oren ligen. Es merket es nicht nur gleich, wen andere auch nur im Geringsten dawider felen*), sondern es weis in auch selbst überal auf das Richtigste anzuwenden. So bald also der Lesende ein geschribenes Wort sit und erkenet: so wird er nicht den geringsten Anstand finden, es mit dem gehörigen Zeitmase auszusprechen. Get es nicht eben so mit dem Tonmase, oder mit dem Steigen und Falen der Stime? Wir haben bisher, gleich den alten Grichen und Römern, nicht das geringste Zeichen dafür gehabt, ob es wol eine eben so wichtige und kizliche Sache ist, als das Zeitmas imer sein mag; und dennoch sind wir folkomen gut damit zu Rechte gekomen. Aber wi wird sich ein Ausländer one di Zeichen des Zeitmases helfen? Antwort: eben so gut, als one di Zeichen des Tonmases; oder wird man im zu gefalen dise fil leicht einfüren? Wer eine fremde lebendige Sprache lernet, der lernet si entweder im Lande selbst, oder aus dem Munde eines Lerers, der biselbe gut spricht; und in beiden Fälen lernet er

---

*) In his si paulum modo offensum est, ut aut contractione brevius fieret, aut productione longius, theatra tota reclamant. Cic.

er zugleich das Zeit- und Tonmas. Wo er zweifelt, mus er sich in Anseung des erstern in einem guten Wörterbuche, in Anseung des leztern in einer für in gemachten Sprachlere Rates erholen: den in jenem solten di nötigen Zeichen des Zeitmases, in diser geschikte Regeln fon dem Tonmase zu finden sein. Was Kwintilians Meinung betrift, das man den Kwerstrich wenigstens da brauchen sole, wo das ferschidene Zeitmas di Bedeütung des Wortes ändert: so ist, wi mich dünket, auch dises unnötig. Di Stele, di ein Wort in einem Saze einnimt, der Zusamenhang und di Umstände der Rede, geben dem Leser di Bedeütung des Wortes, folglich auch sein Zeitmas, hinlänglich zu erkenen. Haben wir nicht blos durch dises Mitel R o st (auf dem Herde) fon R o st (an dem Eisen), B u ch e (im Walde) fon B u ch (das man list), B r u ch (ein sumpfiger Ort) fon B r u ch (z. B. eines Beines) und dergleichen, bisher wirklich unterschiden, one das wir daran gedacht häten, di Ferschidenheit ires Zeitmases zu bezeichnen? Wir werden also auch eben so leicht i m (das Fürw.) fon i m (in dem), H a s (auf dem Felde) fon H a s (im Herzen) u. d. gl. unterscheiden. Solte man

zur

zur Einfürung des Kwerſtriches in dergleichen Wörtern geneigt ſein: ſo werde ich zwar nicht zuwider ſein; doch gebe ich foraus wol zu bedenken, ob man hinlänglichen Grund habe zu glauben, unſere Nachkomen werden fon deſen Notwendigkeit imer ſo überzeüget ſein, das ſi nimal dafon abweichen. Solte man diſes nicht fernünftig foraus ſezen könen: ſo müſte man ſich, meine ich, fon beſagtem Zeichen bilig enthalten, um das Gebäüd der Rechtſchreibung auf alen Seiten feſt und dauerhaft zu machen. Ein anderes iſt es, wen man ausdrüklich fom Zeitmaſe, oder fon gewiſen Wörtern in Abſicht auf dasſelbe, handelt. Den da müſte man ſich der in der Zeitmaslere (proſodia) bisher gebräüchlich geweſenen Zeichen - und ⌣ one Anſtand bedinen.

9 §. Wir Deütſche ſind in Bezeichnung des Zeitmaſes fil weiter gegangen als di Römer. Wir haben an Stat eines einzigen, einfachen Zeichens, das ſi gebrauchet haben, derer fünfe gewälet, und ſind dadurch, one Widerſpruch, über ale Gränzen der geſunden Fernunft hinaus geſchweifet. Es iſt unbegreiflich, wi man auf ſolche Torheit hat ferfalen könen; aber noch unbe-

greif-

greiflicher ist es, das man in so erleüchteten Zeiten so lang dabei gebliben ist.

10 §. Fir der jezt genanten Zeichen sind für di langen, eines für di kurzen Selbstlauter bestimet. Di Zeichen der Länge sind di Ferdopelung des Selbstlauters, das Ferlängerungs-h, das Ferlängerungs-e, ein einfacher Mitlauter nach einem Selbstlauter. Das Zeichen der Kürze ist di Ferdopelung des Mitlauters nach einem Selbstlauter.

11 §. Erstlich also ferdopelt man di langen Selbstlauter, wi di alten Römer getan haben, als Aal, Seele, Schoos; aber dise Ferdopelung hat nur bei dem a, e, o, nicht aber bei alen Selbstlautern Stat, wi si im Lateinischen gehabt hat *).

Di

*) Das lange i hat zwar im Lateinischen ser selten noch ein i neben sich gehabt, den es ist mersten Teils durch ein weit hinauf gezogenes l forgestelet worden, als vIvus, ædIlis: diser lange Zug ist aber dadurch entstanden, das man ein i auf das andere sezete, und folglich war dises doch auch eine ware Ferdopelung des Selbstlauters. Daher ist bisweilen selbst ein zweifaches i in solches lang gezogene I ferwandelt worden, als OtI, DIs, für Otii, Diis.

Di Selbstlauter a, e, o werden auch nicht imer ferdopelt, wan si lang sind, sondern nur in etlichen Wörtern, di ich aber unmöglich bestimen kan: den di Schriftsteler sind darin nicht einig, si sind es nimal gewesen, und werden es, bei so bestelten Sachen, in Ewigkeit nicht sein. Eine aufgeklärte Fernunft kan nicht ruen, bis si einen festen Grund findet, an dem si sich hält. Da nun hir lauter Wilkür, und nicht der geringste Schaten eines Grundes zu finden ist (den warum solte man den Selbstlauter eer in einem Worte als in andern seines gleichen ferdopeln?): wird man wol was anders als ein beständiges Schwanken des Gebrauches, ein imer wärendes Abändern, eine ewige Spaltung erwarten könen? Der zweite der dopelt geschribenen Selbstlauter ist auch nicht imer ein Zeichen des Zeitmases: den in fremden eigenen Namen, in zusamen gesezten, und bisweilen auch in einfachen Wörtern wird er ausgesprochen. Und bises gibt Anlas zur Ferwirung. Wi leicht wäre es nicht, Aaron, Bootes zweisilbig, und beerdigen dreisilbig, für A-ron, Bo-otes, be-erbigen, zu lesen? Und wer saget mir, ob Klee in der ersten oder driten Endung stee: den in beiden wird es mit einem

dop=

dopelten e geschriben, und doch in jener einsilbig, in diser zweisilbig gesprochen? Dise Ferwirung höret auf, wen kein Selbstlauter mer als ein Ferlängerungszeichen gebraucht wird: den alsdan weis ich gewis, das, wen ich in dopelt geschriben finde, ich in auch dopelt aussprechen mus.

12 §. Di zweite Art, di langen Selbstlauter anzuzeigen, ist ein stumes h, das denselben nachgesezet wird, als **W a h l , z ä h l e n , S o h n , S ch u h**. Diser Buchstab, welchen Her Wippel*) in diser Eigenschaft ein Unding nenet, ist zwar bei alen Gatungen der langen Selbstlauter gebräuchlich, aber auch nur in einigen Wörtern, fon welchen sich eben so wenig, als fon den obigen (11 §), ein Ferzeichnis geben läst. Gleiche Ursache, gleiche Wirkung. Man schlage ale unsere Sprachlerer nach, man durchgee di fornemsten Schriftsteler, und merke sich di Anwendung dises stumen Buchstaben; man wird überal nichts als di gräulichste Ferwirung finden. Ja was di Gröse der Ausschweifung noch am mersten zeiget, ist, das man ale Änlichkeit dabei aus der Acht

ge-

---

*) Anmerkungen über Bödikers Grundf. a. d. 41 S.

gesezet hat. Wil man den dise oder jene Wörter mit aler Gewalt mit einem Ferlängerungs-h schreiben: warum tut man bei denjenigen, di einen ganz änlichen Laut und Ausgang haben, nicht ein Gleiches? Warum z. B. Jahr, Wahl, sehr, ihr, Stroh, führen; hingegen gar, schmal, schwer, wir, so, spüren? Man erwäge und urteile.

a) Das h in rh und th ist zwar eigentlich kein Ferläng-erungs-h; doch ist es eben so ferwerflich als dises, weil es eben so stum ist. Di Römer lisen es in den Wörtern, di si mit r h oder t h anfingen, gar wol hören. Si drüketen dadurch den Hauch des grichischen ρ und ϑ aus, und das r, t waren in solch-en Wörtern behauchete Buchstaben (Literæ aspira-tæ); das sind si aber bei uns nicht mer, und brauch-en darum auch kein h mer bei sich.

13 §. Das drite Ferlängerungszeichen ist ein stumes e, das seine Stele blos nach einem langen i hat, als hier, Ziel, schliesen. Di Wörter wir, dir, mir samt alen Zeitwört-ern auf iren, sind bisher fon ganz Deütschland one dises e geschriben worden; wem ist es darum jemals beigefalen, das darin befindliche i kurz zu sprechen? Warum solte man den in den übrigen

Wörtern, als Bir, Hib, Zirbe, liben u. ſ. w., one beſagtes e nicht eben ſo leicht fort komen könen?

2) Di Abſchafung des Ferlängerungs-e häte auch noch den beſondern Forteil, das dadurch ale Zweideütigkeiten und Zweifel, di der Gebrauch desſelben bisweilen ferurſachet, auf ein Mal gehoben wären. Den das e, das nach einem langen i gefunden wird, iſt nicht überal ſtum. In einigen Wörtern wird es imer, in einigen nur in gewiſen Fälen, in andern nur ſon gewiſen Landſchaften ausgeſprochen. Zur erſten Gatung diſer Wörter gehören 1) di Namen der Länder auf ien, als Spanien; 2) di Namen der Fölker auf ier, als Ägipzier; 3) einige Namen der Stäte, z. B. Trier. Zur zweiten Gatung gehören di Wörter, di in irer einfachen Geſtalt auf ein Ferlängerungs-e ausgeen, und in irer Fermerung einen Zuſaz bekomen, der für ſich auch ein e einſchliſet, als ſchrie, geſchrien, das Knie, di Knie, knien, kniet. Zur driten Gatung endlich zäle ich einige jüngſt fergangene Zeiten, als blies, fiel, hielt, in welchen di Schwaben das e ausſprechen*), nebſt einigen fremden Wörtern auf ie, als Zeremonie, Hiſtorie, Komödie, Glorie, Memorie u. d. gl., in welchen
di

---

*) Schwäbiſches Magazin, 3 St., 211 S.

di Oberſakſen das e hören laſen*). Man ſit leicht, das es hir one Ferwirung nicht abgeen köne. Den wen di Schrift eine treüe Abbildung der Laute des Mundes ſein ſol: ſo mus ſi ſicher leren, wi das Wort, deſen Zeichen ſi iſt, ausgeſprochen werden müſe. Wen nun ein Anfänger di Wörter Oſi= zier, Fönizier u. d. gl. neben einander findet: wird er nicht aus der Gleichförmigkeit der Schrift fernünftig ſchliſen, das beide auf einerlei Weiſe auszuſprechen ſein? Er wird daher in einen unfermeidlichen Feler falen. Und wen ſelbſt ein Keu= er z. B. di Wörter Knie, kniet zu Geſichte bekömt: wird er inen wol anſeen könen, ob ir Fer= faſer ſi ein= oder zweiſilbig habe machen wolen? Unmöglich wird er das könen, ſo lang das ſtume e Plaz hat. Man ſage mir endlich, wi wir Pfälzer, und ſo merere andere Landſchaften Deütſchlands, es anſtelen ſolen, um den Heren Schwaben und Sakſen zu ferſteen zu geben, das wir in blies, Hiſtorie u. ſ. w. das e nicht ausſprechen; und wi werden ſi im Gegenteile uns zu ferſteen geben, das ſi es aus= ſprechen? Aus der Schrift, wi ſi heütiges Tages gebräüchlich iſt, kan man es ein Mal nicht ſeen. Ich für meinen Teil mus aufrichtig geſteen, das, ee ich Gottſcheden geleſen habe, ich mir es nimal häte träumen laſen, das Jemand in der Welt in Glorie u. d. gl. ein e hören liſe. Di Ferban-

ung

---

*) Gottſchebs Sprachk. 5 Aufl., 213 S., VI Regel.

ung des Ferlängerungs-e wird alem disem Unfuge ein End machen. Dan wird der Anfänger in O f i z i r und F ö n i z i e r keinen Anstand mer finden; dan wird man di einfache Zal K n i fon der filsachen K n i e, das einsilbige k n i t fon dem zweisilbigen k n i e t one Beschwernis unterscheiden; dan wird ganz Deütschland bei dem blosen Anblike der Schrift wisen, das man in Schwaben b l i - e s, in Saksen G l o r i - e, hir zu Lande b l i s und G l o r i spreche.

14 §. Das firte und lezte Zeichen eines langen Selbstlauters ist endlich, wen ein einfacher Mitlauter darauf folget, als s a g e n, B l u t, B ä r, m i r, Z u g, L o b, h e r, k a m, H a k= e n, H o f e, s c h a l u. s. w.; und durch dises Mitel hat man di fünf lezten diser Wörter fon H e r r, K a m m, h a c k e n, h o f f e, S c h a l l, bisher wirklich unterschiden. Dises ist in der Tat ein ser übel ausgesonenes Mitel. Den warum solte ein Selbstlauter fil mer lang sein, wen ich einen, als wen ich zwei oder drei Mitlauter danach seze? Aber wen dises Zeichen auch gelten solte: so solte es wenigstens ordentlich, regelmäsig, fernünftig gebraucht werden. Es solte also kein anderes Ferlängerungszeichen neben sich haben, wi in S a a l,

w o h l

w o h l u. b. gl. geschit. Säe man, nach der obigen Regel, di Länge der Selbstlauter in S a l, w o l, nicht hinlänglich aus dem einfachen l? Was nuzet also das eine a und das h dabei? Müsen wir nicht gesteen, das dises eine recht elende Flikerei ist? Doch dabei hat es di Torheit nicht bewenden lasen. Si hat in einigen Wörtern drei Ferlängerungszeichen zugleich für einen einzigen Selbstlauter eingefüret. Ist es möglich? Ja, di Wörter s i e h t, g e s c h i e h t u. b. gl. dinen zum Beweise. Hir steet ein einfacher Mitlauter, ein stumes h und ein stumes e beisamen, um uns di Länge des i zu ferkündigen. Und wir haben dises alberne Zeüg bisher so dulden könen? Heilige Fernunft, wo bist du gebliben?

15 §. So ser man sich auch geplaget hat, di Länge der Selbstlauter durch Beihilfe der fir erwänten Zeichen zu bemerken: so hat man doch (wer solte es glauben?) noch nicht ales dadurch erschöpfet. Es bleibet noch eine ser grose Menge Wörter übrig, in welchen der lange Selbstlauter auf keine Weise bezeichnet ist. Dahin gehöret A r t, B a r t, z a r t, H a r z, W a r z e, H e r b, P f e r d, E r b e, e r s t, S c h w e r t, V o r-

(des

(des Schifes), Mond, Rost (am Feuer), Trost, Rüste (ein Baum), wüst, nebst andern. Woran erkenet man das lange Zeitmas in disen Wörtern? Fil leicht daran, das zwei ferschidene Mitlauter auf den Selbstlauter folgen? Dise finden sich auch in hundert Wörtern nach kurzen Selbstlautern, z. B. in h a r t, h o l d, f a l t e n, k a l t, H e r z, s c h w a r z, M o r d, L a s t u. s. w. Ergibt sich nicht hieraus folgender Schlus gleichsam fon sich selbst: Di obigen Wörter haben wir bisher, so oft si forgekomen sind, one das geringste Zeichen nach irem waren Zeitmase folkomen gut gelesen; wir werden also dasselbige auch bei den übrigen Wörtern one ein Ferlängerungszeichen eben so leicht könen.

16 §. Es ist ganz natürlich, das es nicht nötig sei, di kurzen Selbstlauter zu bezeichnen, so bald di langen richtig bezeichnet sind. So dachten di klugen Römer, und braucheten daher für das kurze Zeitmas kein Zeichen, weil si eines für das lange gewälet haten. Difes konten si um desto eer, weil ir Längezeichen einfach, ordentlich, und algemein war. Alein bi Unordnung und Ferwirung unserer Längezeichen hat gemachet, das
wir

wir auch ein Zeichen für di Kürze nötig haten, welches di Ferdopelung der Mitlauter ist, als Fall, Lippen u. s. w. Den so bald man fest gesezet hate, das der einfache Mitlauter di Länge des Selbstlauters anzeigen solte: so muste man natürlicher Weise den Mitlauter nach einem kurzen Selbstlauter ferdopeln, weil man sonst disen mit dem langen notwendig oft fermischet haben würde. Da der forher geende Selbstlauter ale Mal völlig ausgesprochen ist, ee der folgende Mitlauter zu tönen anfängt: so trägt diser zur Länge oder Kürze jenes an sich nicht das Geringste bei. Di Ferdopelung des Mitlauters ist daher ein ser falsches, unnüzes und ungereimtes Kürzezeichen, wi auch der Abt Fromant schon angemerket hat *). Um disem Unfuge abzuhelfen mus man denjenigen Unfug abschafen, aus dem er als eine notwendige Folge geflosen ist, ich wil sagen, man mus dem obigen firten Längezeichen

(14 §)

*) À l'égard du principe de redoubler la consone pour avertir que la voyele précédente est brève, il est généralement reconnu pour le plus faux, le plus inutile & le plus déraisonnable. Reflex. sur les fondemens de l'art de parler, p. 31.

(14 §) entsagen, und so wol nach kurzen als langen Selbstlautern nur einen Mitlauter sezen.

17 §. „Man spricht aber nach kurzen Selbstlautern einen dopelten Mitlauter aus„. Wen dises war ist, so mus man den Mitlauter in solchen Fälen freilich auch dopelt schreiben; das hat seine ungezweifelte Richtigkeit (3 §). Aber wi beweiset man, das der Mitlauter dopelt ausgesprochen werde? Das ist eben der feine Knoten, der sich wol entzwei hauen läst, aber nicht so leicht aufzulösen ist. Di Frage enthält eigentlich zwei Stüke: 1) ob man am Ende einer Silbe, auf welche kein Selbstlauter folget, einen dopelten Mitlauter nach einem kurzen Selbstlauter ausspreche, als in S t a m, h ä s l i ch u. d. gl.; 2) ob man zwischen zweien Selbstlautern, wofon der erste kurz ist, einen dopelten Mitlauter höre, z. B. in M a n e s, g a f e n u. s. w. Was di erste Frage betrift: so werden di mersten, di der Sache ein wenig reif nachdenken wolen, leicht zugeben, das in dem beschribenen Fale kein dopelter Mitlauter ausgesprochen werde. Man hat in daselbst bisher nur darum ferdopelt, teils um di Kürze des forher geenden Selbstlauters anzudeüten, wi oben

(16 §)

(16 §) gesaget worden ist, teils um di fer=
meintliche Aussprache, di das Wort bei seiner
Ferlängerung haben würde, schon forläufig anzu=
zeigen. Das ist es, was di Sprachlerer durch
folgende Regel zum Teile haben sagen wolen:
„Wörter, di am Ende waksen, richten sich [in
Anseung der Rechtschreibung] auch schon im
Stamworte nach der Aussprache der ferlängerten
Silben„*). Daher schriben si M a n n, B i ß
fon beisen, S ch l u ß, S i n n u. s. w. Aus
eben der Ursache haben si auch gewolt, das di
einsilbigen Wörter, di am Ende nimal waksen,
nur einen einfachen Mitlauter nach dem Selbst=
lauter häten, ob diser schon kurz wäre; als b i n,
a b, n u n, m a n, b i s, d a s, z e r u. s. w.
Hiraus erhelet, das si den Mitlauter in den
obigen Wörtern keines Weges wegen der Aus=
sprache der Stamendung, sondern blos wegen
der Aussprache irer übrigen Endungen, wo der
Mitlauter zwischen zweien Selbstlautern steet,
ferdopelt haben. Den in b i n z. B. ist ja der
Selbstlauter gewis eben so kurz als in S i n,

S   und

---

*) Gottsched Sprachk. 5 Aufl. 86 S. — Junker nou-
veaux principes. I Aufl. 35 S. — Braun Anleit.
zur deütsch. Sprachk. 48 S., u. s. w.

und zwischen den Wörtchen m a n und b i s, und den Hauptwörtern M a n und B i s ist im Sprechen nicht der geringste Unterschid. Himit stimen di Grichen und Römer folkomen überein. Nimal haben dise Fölker den Mitlauter nach einem kurzen Selbstlauter ferdopelt, wen kein Selbstlauter mer auf den Mitlauter folgete; als $\overset{\ast}{\alpha}\nu$, $\gamma\grave{\alpha}\varrho$, $\overset{\ast}{o}\sigma$, $\pi\grave{\varepsilon}\varrho$, $\pi\iota\varkappa\varrho\grave{o}\sigma$, as, fel, mel, os (Wein), far u. s. w. Man mus sich daher bilig verwundern, wen Kener des Grichischen und Lateinischen bei dem Anblike der Wörter k a n, N a r, S p a s, h e l, S c h l o s u. d. gl. gleich di Stirne runzeln, und ausrufen: „Das heiset ja kān, Nār, hēl,“ u. s. w. Wi? heisen den di obigen Wörter fil leicht auch $\bar{\alpha}\nu$, $\bar{\pi\varepsilon}\varrho$, ās, mēl, fär? Man sei in seinen Urteilen doch bilig und folgsam!

18 §. In Anseung der zweiten Frage, ob man nämlich zwischen zweien Selbstlautern, wofon der erste kurz ist, einen dopelten Mitlauter ausspreche, werde ich etwas mer Müe haben, meine Meinung zu bestärken und fest zu sezen. Ich habe ein ferjärtes, fast algemeines Forurteil wider mich. Alein ich ferlase mich auf di Güte der

Sache,

Sache, di ich ferteidige, und auf di Einsicht und
Biligkeit meiner Leser. Wi heiset den der Grund,
mit welchem man di fermeintliche Aussprache des
dopelten Mitlauters in dem genanten Fale unter-
stüzet? Es ist das blose Gehör. Wir hören ein-
en dopelten Mitlauter, sagen di Heren Gegner,
und wer dises nicht mit uns höret, der mus ein
übeles Gehör haben. Aber könte man disen
ganzen Beweis nicht eben so leicht wider si selbst
wenden, wen man inen sagete, das man das
Gegenteil höre, und das si folglich fon irem Ge-
höre betrogen werden? Und wirklich mus ich
aufrichtig gesteen, das ich disen dopelten Mitlaut-
er, aler angespanten Kräfte meines Gehöres un-
geachtet, nicht höre. Her Düclos, diser tiffsinige
Sprachforscher, zeiget ofenbar, das er in fast
durchgeends auch nicht höre. „Ich habe di dop-
elten Buchstaben, saget er, weg gelasen, di nicht
ausgesprochen werden „ *). Dem zu Folge
schreibet er wider di durchgängige Gewonheit
seines Folkes: ariver, oposition, ocasion, aten-
dre, coment, acuser, aler, conoitre, éfet,
diferent, apelé, donée, nulement, apuyé,
corompre u. s. w. Nur das s finde ich bei im

durch-

*) Remarques sur la Gram. de P. r. Chap. V.

durchgeends ferdopelt. Her Fromant *) saget, ein dopelt geschribenes r höre man nur einfach, z. B. in arroser, Arrêt, arriver, arrondir u. s. w. Her Hemmer **) hat es als einen Lersaz zu beweisen gesuchet, das di ferdopelten Mitlauter nicht dopelt ausgesprochen werden. Fon eben der Meinung sind ferschidene andere, so wol ältere als neüere Schriftsteler, di dem nach Tone, None, Pfare, Mäner, Sine, Göter, Heren, Fäle, Lämer, Fäser u. s. w. schriben, wi bei Gottscheden ***) nachgeseen werden kan. Laset uns das Gehör weiter untersuchen. Was hören wol unsere Heren Gegner nach einem Dopellaute, oder nach einem langen Selbstlauter? Einen einfachen oder dopelten Mitlauter? Einen einfachen glauben si zu hören (14 §), und di mersten würden fil leicht darauf schwören, das si ir Gehör darin nicht betrige. Und dennoch gibt es Leüte genug, di behaupten, das si einen dopelten Mitlauter in besagtem Fale hören. Aus difer Zal ist Her

Aich=

---

*) Reflex. sur les fond. de l'art de parler, p. 15.

**) Deütsche Rechtschr. 43 §.

***) Sprachf. I T., II Hauptst., 8 §. g).

Aichinger, einer der bäsften deütschen Sprach-
lerer. „Di Regel, saget er, das man nach
einem Dopellaute oder langen Selbstlauter keinen
gedopelten Mitlauter sezen sole, ist überhaupt
nichts wert„*). Er zweifelt nicht im Gering-
sten, das in g r e i f e n und k a u f e n ein
dopeltes f, in g e n i s e n ein dopeltes s und so
weiter, gehöret werde. Der Abt Weitenauer,
der als ein fleisiger Sprachforscher bekant ist, be-
hauptet, er höre das f, welches in der Mite der
Wörter forkömt, nimal anders als dopelt **).
Her Heinz ist mit Gottscheden ser unzufriden,
weil diser saget, man höre in g r o s e, f l i s e n,
f ü s e, S t r a f e, t r ä f e n keinen dopelten
Mitlauter. Er meinet, wer disen nicht höret,
der müse keine gute Oren am Kopfe haben ***).
Und wi war es mit den Oren der Römer in disem
Stüke beschafen? Ausdrüklich haben si zwar, so
fil ich weis, nicht bezeüget, eben das zu hören,
was bi jezt angefürten Sprachlerer zu hören be-
haupten: alein den gedopelten Mitlauter, wofon

C 3   di

*) Fersuch einer d. Sprachl. 35 S.

**) Zweifel fon d. deütsch. Spr. 33 S.

*** Anmerk, über Gottschedb Sprachl. 19 — 21 S.

di Frage ist, haben si doch oft geschriben, als in Caussa, paullo, ēsset son edo u. s. w. Ja Kwintilian *) saget, zu Zizerons Zeiten, wi auch noch eine Weile hernach, sei dises mit dem s fast imer gescheen, als in Cassus (Fal), Divissiones u. d. gl., und so finde man es selbst in Zizerons und Firgils Handschriften. Das Gehör des Hern Heynatz kan uns nicht gleichgiltig sein. Was saget er son den Wörtern kömmt, hemmt, kannst, kennst, deren Selbstlauter kurz sind? Im ersten höre man nur ein einfaches, im zweiten aber ein dopeltes m; im driten ein einfaches, aber im firten ein dopeltes n **). Disen Unterschid hat meines Wisens noch kein Sprachlerer gehöret, und ich bin fersichert, das in 10000 andere Deütsche auch nicht hören. Aus disem Widerspruche so filer gelerten Sprachforscher und Schriftsteler scheinet unwidersprechlich

zu

*) Quid quod Ciceronis Temporibus, paulumque infra, fere quoties s Litera media vocalium longarum, vel subjecta longis esset, geminabatur, ut *Caussæ*, *Cassus*, *Divissiones*, quomodo & ipsum & Virgilium quoque scripsisse, Manus eorum docent. Inst. orat. L. 1, Cap. 7.

**) Sprachl. I Aufl., 31 S.

zu folgen, das man sich in Entscheidung der obigen Frage auf das bloſe Gehör nicht ferlaſen köne, und das folglich für di Ausſprache des dopelten Mitlauters zwiſchen zweien Selbſtlautern, wofon der erſte kurz iſt, kein Grund da ſei.

19 §. Wir wolen es aber bei der Zernichtung des gegenſeitigen Angebens nicht bewenden laſen, ſondern di Ausſprache des einfachen Mitlauters in dem oft genanten Fale auch noch mit wirklichen Gründen zu bewären ſuchen. Hizu wird es nötig ſein, das wir mit einem weltweisheitlichen Auge in di Natur der Selbſt- und Mitlauter eindringen. Der erleüchtete Sprachgeiſt des Hern Dümarſais *) ſol unſer Leiter ſein. „Di Luft, ſaget diſer Gelerte, di aus der Lunge durch den Mund heraus geſtoſen wird, kan auf zweierlei Art einen Laut bekomen: 1) durch di bloſe Lage der Sprachwerkzeüge, 2) durch das Wirken oder di Bewegung diſes oder jenes Sprachwerkzeüges. Di erſte Art fergleiche ich mit den Rizen, welche der durch ſi geenden Luft einen Laut geben, oder mit den Windwerkzeügen, z. B. einer Orgel, einer Flöte u. d. gl. Mit der

---

*) Encyclop. Tom. 4, Mot *Conſonne*.

der zweiten Art ferhält es sich ongefär, wi mit der Wirkung, di ein fester Körper herfor bringet, der an einen andern anschlägt. So lang eine Orgelpfeife oder eine Flöte ofen bleibet, und der Blasbalg oder der Mund Luft schafet: so lang werden dise zwei Werkzeuge einen Laut geben, one das si das Geringste dabei wirken. Si tun weiter nichts, als das si der bewegten Luft einen Durchgang ferschafen, und si bleiben in eben dem Stande, in welchem si dise Luft angetrofen hat. Da haben wir das ware Bild des S e l b s t=
l a u t e r s. Ein jeder Laut, der durch di blose Lage der Sprachwerkzeuge, one einiges Anschlag=
en oder einige Bewegung derselben, gebildet wird, ist ein Selbstlauter. Jeder besondere Selbst-
lauter erfodert, bei dem Herausfaren der Luft aus dem Munde, eine besondere, im eigene Lage der Sprachwerkzeuge; und so lang dise Lage nicht geändert wird, und der Atem Luft schafen kan, so lang wird man denselbigen Selbstlauter fort tönen hören. Eine andere Beschafenheit hat es mit dem M i t l a u t e r. Diser hängt nicht, wi der Selbstlauter, fon einer Lage der Sprach=
werkzeuge ab, di fort dauern kan; nein, er ist di Wirkung einer flüchtigen Handlung, einer

augen=

augenbliklichen Erschütterung oder Bewegung difes oder jenes Sprachwerkzeüges, z. B. der Zunge, der Lipen u. s. w. Dem nach glaube ich, das, da ich den Selbstlauter mit dem Laute einer Orgelpfeife oder Flöte ferglichen habe, ich den Mitlauter bilig mit der Wirkung ferglichen köne, di der Klipel in einer Gloke, oder der Hamer auf dem Ambose herfor bringet. Schafet der Orgelpfeife oder der Flöte Luft, so werdet ir imer denselbigen Laut hören. Alein auf der Gloke oder auf dem Ambose wird man di Schläge widerholen müsen, wen man denselbigen Laut haben wil, den man anfänglich gehöret hat. Auf gleiche Weise, wen ir aufhöret, di Bewegung der Lipen zu widerholen, welche den Laut des b oder p herfor gebracht hat; wen ir di Erschüterung der Zunge nicht ferdopelt, durch welche das r entstanden ist: so werdet ir dise Mitlauter auch nicht mer hören „.

20 §. Nach diser Betrachtung wird es, glaube ich, nun nicht mer schwer falen, di obige Frage mit Gewisheit zu entscheiden. Zu dem Ende darf man nur auf di Sprachwerkzeüge Acht geben, di zur Herforbringung difes oder jenes

Mitlauters in Bewegung gesezet werden müsen. Wi wird zum Beispile das p herfor gebracht? „ Man schliset den Mund, saget Fiktorinus, und stöst hernach di hinten her geholte Luft mit Gewalt durch denselben heraus„. Nun frage ich, ob in K a p p e z. B. der Mund zwischen dem a und e zwei Mal geschlosen, zwei Mal geöfnet, und di Luft zwei Mal heraus gestosen werde. Es ist ofenbar, das dises nur ein Mal geschit. Wi entstet das t? „ Di Zunge, saget Her Nast*), sezet sich hinter di obern Zäne, ferläst disen Siz schnel, und treibet di Luft mit einem starken Hauchen heraus„. Ich frage wider, ob man z. B. in h a t t e di Zunge zwei Mal hinter di Zäne seze, zwei Mal dafon zurük zie, und di Luft zwei Mal hauchend hinaus treibe. Auch dises geschit one alen Zweifel nicht mer als ein Mal. Wi ist es also möglich, zu glauben, oder behaupten zu könen, das in besagten Wörtern das p und t bopelt gehöret werden? Ale Einwürfe, di man hir machen kan, sind one orbentliche Erklärung, one deütliche und bestimte Begrife, in Dunkelheit eingehület. „ Ja, sagen einige, in K a p p e höret man ein p, wen man

di

---

*) Schwäb. Magazin, 7 St., 552 S.

di Lipen ſchliſet, und eines, wen man ſi öfnet; in h a t t e wird ein t ausgeſprochen, wen man di Zunge an di Zäne anſezet, und noch eines, wen man ſi dafon zurük ziet„. Schon ein p, wen man di Lipen ſchliſet, ee man ſi wider öfnet? Schon ein t bei dem Anſezen der Zunge, ee ſi wider zurük gezogen wird? Heiſet das nicht eben ſo fil, als der Laut, den der Hamer auf dem Amboſe, oder der Klipel in der Gloke herfor bringet, geet for dem Schlage, for dem Anſtoſe her (19 §)? Doch um di Sache kurz zu mach‍chen, ſo bite ich di Heren Gegner, mir ein ein‍zeles p one Aufſchliſung der Lipen, ein einzeles t one Zurükziung der Zunge fon den Zänen aus‍zuſprechen. Einzel iſt das unmöglich, werden ſi ſagen. Alſo iſt es in einer Silbe oder in einem Worte ebenfals unmöglich; oder bleibet ein p (und ſo fon andern Mitlautern) nicht imer ein p, es mag einzel, oder in Geſelſchaft anderer Buch‍ſtaben ſteen? oder wird es bald mit diſen, bald mit andern Werkzeügen, oder gar mit einerlei Werkzeügen ferſchiblich ausgeſprochen? oder end‍lich hat es heüt eine andere Erklärung, ein and‍eres Weſen, als es geſtern gehabt hat?

21 §.

21 §. „Man höret aber doch zwischen dem f in Hafen, und dem ff in haffen, und so weiter, einen Unterschid „. Daran ist kein Zweifel; aber difer Unterschid bestet blos in der gelindern und härtern Aussprache. Di Sprachwerkzeüge, di den Mitlauter herfor bringen, werden nach einem langen Selbstlauter gemeiniglich sanft und sachte, nach einem kurzen aber heftig und mit Gewalt in Bewegung gesezet und erschütert; das machet, das der Laut des Mitlauters im erstern Fale gelind, im leztern stark aus dem Munde färt. Ich habe gesagt g e m e i n i g l i c h: den in filen deütschen Endigungssilben, als e l, e n, e r, e s, e t, i n, werden di Mitlauter nach den kurzen Selbstlautern ser gelind ausgesprochen. Difen Unterschid wusten auch di Römer gar wol. Nicht überal ferdopelten si den Mitlauter zwischen zweien Selbstlautern, wofon der erste kurz war, sondern nur da, wo si difen Mitlauter stark hören lasen wolten. Dem zu Folge schriben si videt, dolor, fellis, mellis u. s. w. Aus der jezt gegebenen Erläuterung folget, das ein Mitlauter nach jedem kurzen Selbstlauter, es mag ein anderer Selbstlauter darauf folgen oder nicht, stark

und

und hart ausgesprochen werden köne. Und das
geschit wirklich merſten Teils ſo. Man merke
z. B. ein Mal in den Wörtern Häs und häſen
genau auf das Ziſchen, worin das ſ eigentlich
beſteet, aber auf nichts anders, damit di Auf-
merkſamkeit nicht geteilet und geſchwächet werde.
Man wird in Anſeung der Stärke diſes Ziſch-
lautes nicht den geringſten Unterſchid hören.
Eben diſes hat auch der groſe Sprachforſcher
Popowitſch ſchon bemerket. Er ſaget *), in
N e ſt, H a m ſt e r, K r e b s, W a ſſ e r,
B i ſſ e n, höre man einerlei ſ, einerlei Ziſchen,
nämlich den ſtärkern Ziſchlaut des hebräiſchen
Samech, oder des iliriſchen Slowo; di Ferdopel-
ung des ſ, wi in W a ſſ e r, B i ſſ e n und ſo
weiter, ſtele nichts anders als di Stärke diſes
Ziſchens for. Sonſt iſt bei der Ausſprache des
Mitlauters, der auf einen kurzen Selbſtlauter
folget, folgender Umſtand wol zu merken. Wen
man nach Ausſprechung eines Selbſtlauters, er
ſei kurz oder lang, di Sprachwerkzeüge zuſamen
zit, oder anſezet, um einen Mitlauter herfor zu
bringen: ſo fängt ſich dabei di Luft, und gibt
einen dunkeln, unförmlichen, wilden Laut, der
aber

*) Notwend. Anfangsgr. a. d. 15 S.

aber weder zum forher geenden Selbstlauter, noch zum folgenden Mitlauter gehöret: den bei jenem bleiben di Sprachwerkzeüge ruig in irer Lage (19 §); bei disem folget der Laut erst auf di Bewegung der genanten Werkzeüge (eb. da). Weil nun di Sprachwerkzeüge nach einem kurzen Selbstlauter gemeiniglich schneler und stärker zur Bildung des folgenden Mitlauters zusamen gezogen oder angesezet werden: so fängt sich auch di Luft desto mer, und besagter wilde Laut wird desto beütlicher und stärker. Und diser Laut ist es zweifelsone, was dijenigen täuschet, di z. B. in K a p p e schon for Aufschlisung der Lipen ein p zu hören glauben. Wer disen Laut, one Ausprechung eines Wortes oder einer Silbe, hören wil, der tue di Lipen weit auf, und schlise si mit einigem Hauchen schnel wider.

22 §. Noch auf eine besondere Art könen einige Mitlauter in der Ausprache merklicher und fernemlicher werden, aber dises so wol nach langen als nach kurzen Selbstlautern. Dahin gehöret das ch, f, r, s und sch. Dise Mitlauter lasen sich, gleich den Selbstlautern, ordentlich denen, das ist, man kan im Aussprechen lang

dar-

darauf halten. Am Ende z. B. der Wörter
G r a f und w a s kan ich so lang fort blasen
und zischen als ich wil. Dises kan aber one wid=
erholte Bewegung der dahin gehörigen Sprach=
werkzeüge, folglich one wirkliche Ferdopelung der
Mitlauter, nicht gescheen (19 §). Wo nun in
einem Worte ein Mitlauter solcher Gestalt ge=
benet und gezogen wird: da ist es natürlich, das
sein Laut stärker in di Oren fale. Dises Denen
kenet man nun zwar bei uns nicht, so fil ich mich
besinen kan: es hat aber fil leicht in denjenigen
Mundarten Stat, di in grōs, Fūs, schlīf u.
d. gl., mer als einen einfachen Mitlauter am
Ende zu hören behaupten. Haben si aber darum
auch Recht, solche Mitlauter im Schreiben zu
ferdopeln? Eben so wenig, wi mich dünket, als
di gedenten Selbstlauter, und zwar aus gleicher
Ursache, nämlich, weil man di Benenung eines
dopelt gesprochenen Buchstaben gemeiniglich fon
dem Absezen, welches aber bei dem Denen nicht
Stat hat, her zu nemen pfleget (8 §).

23 §. Doch müsen di Mitlauter in den zu=
samen gesezten Wörtern, deren erster Teil sich
mit dem Mitlauter endiget, mit welchem der
zweite

zweite anfängt, ferdopelt werden; z. B. ab=
beifen, auffalen u. d. gl. Den ob man
schon solche Mitlauter im Worte selbst nur ein=
fach ausspricht: so werden si doch in den abgesezten
Teilen desselben, das ist, im Buchstabiren dopelt
ausgesprochen.

24 §. Kömt ein d und t in einem Worte
zusamen: so ist das zwar keine eigentliche Fer=
dopelung des Mitlauters, doch könen si nicht
beide ausgesprochen werden. Man mus also den=
jenigen dafon weg lasen, der nicht gehöret wird.
Daher schreibet man bilig S t a t, G e s a n d e r,
F e r w a n d e r, für S t a d t, G e s a n d t e r,
F e r w a n d t e r u. s. f.

25 §. „Aber wi wird es ausseen, wen man
so file bisher gewönlich gewesene Buchstaben aus=
läst„? Es mag ausseen, wi es wil, wen es
nur recht lautet: den dises ist ja doch der einzige
Zwek der Schrift. Aber auch das Aug wird sich
bald daran gewönen, besonders, da wir schon
Wörter genug haben, di one einzigen stumen
Buchstaben in eben den Fälen geschriben werden,
in welchen andere Wörter dise müsigen Gefärten

mit

mit sich schlepen. Wir haben schon oben (11, 12, 13, 15, 17 §) Beispile gegeben, in welchen kein Ferlängerungs=h, kein Ferlängerungs=e, keine Ferdopelung des langen Selbstlauters, auch keine Ferdopelung des Mitlauters nach kurzen Selbstlautern, wen kein anderer Selbstlauter mer darauf folget, zu finden ist. Und wi file Wörter haben wir nicht auch, in welchen zwischen zweien Selbstlautern, wofon der erste kurz ist, ein einziger, auch stark tönender Mitlauter erscheinet! Man erinere sich nur, das bi Endmitlauter der Wörtchen a b, m i t, h i n, desgleichen der Endigungsfilben f a m und t u m, nimal ferdopelt zu werden pflegen, wen schon noch ein Selbstlauter darauf folget. Dem zu Folge haben wir bisher a b a r b e i t e n, m i t e f e n, h i n e i n, l a n g f a m e r, R e i ch t ü m e r geschriben. So klinget auch das k in M a t e m a t i k e r und dergleichen Wörtern fer hart; und wer hat es darum jemals ferdopelt? Und warum haben wir uns nimal einfalen lasen, di Mitlauter ch und sch zwischen zweien Selbstlautern zu ferdopeln, und z. B. l a ch ch e n, n a sch sch e n u. s. w. zu schreiben, wi Grüwel und Bellin getan haben? Das sind doch dem Laute

D nach

nach eben so einfache Mitlauter, als irgend einer sein mag (4 §. a), und si klingen gewis nach kurzen Selbstlautern eben so stark, als andere imer klingen*). Wir sind also dasjenige, was übel ausseen sol, schon in einer Menge Wörter son langer Zeit her gewont, und wir wären es in noch merern, wen wir nicht son der Schreibart unserer Forältern in filen Stüken one Grund abgewichen wären. Im ganzen Winsbek **), der schon for 600 Jaren geschriben hat, findet man kein Ferlängerungs-h, kein th, kein stummes e nach dem langen i, keine Ferdopelung eines Selbstlauters, auch keine ferdopelte Mitlauter am Ende eines Wortes, oder for einem andern Mitlauter. So schreibet er z. B. fer, nemen, Or, Ere, E (Ee zwischen Mane und Weibe), leren, Wan (ungegründete Meinung), Lon, Rum, in (persönl. Fürwort), ir, im (persönl. Fürw.), Not, Rat, tun, Teil; si, disen, Spil, Sig; Sele, Har, zwen; Man, sol, kan, wil, Sin, Has (im Herzen); Blik, Sak, wolte, komt,

---

*) Heynatz Sprachl. I Aufl., 34 S.

**) Winsbekii paraenesis ad filium.

komt, nimt u. ſ. w. Keren wir alſo zu diſer Schreibart wider zurük: ſo fangen wir eigentlich nichts Neües an, ſondern holen das unbillig ferlaſene Alte wider herfor.

26 §. Di zweite Regel, di wir oben (5 §) feſt geſezet haben, heiſet: „Kein Laut ſol durch ferſchidene Buchſtaben ausgedrüket werden„. Ir zu Folge könen di Buchſtaben v, ph, c, q und y bei uns künftig nicht mer Stat haben. Den di zwei erſten haben keinen andern Laut als das f; das c klinget imer entweder wi ein k, oder wi ein z; q hat mit k, und y mit i einerlei Laut. Dem nach ſchreibet man bilig fon, Profet, Kato, Zizero, Kapuziner, kwälen, bei u. ſ. w.

a) Das V der Lateiner, mit welchem das unſrige einerlei iſt, fertrat di Stele des äoliſchen Digama (Dopel-g), und hat bei inen nimal wi ein f, ſondern eben ſo, wi unſer w geklungen. Diſes beweiſen di Grichen, welche Varum, Valerium u. ſ. w., nicht Φάρον, Φαλέριον, ſondern ὄαρον, ὀαλέριον geſchriben haben. Di Wälſchen und Franzoſen ſprechen es faſt eben ſo aus. Derſelbige Laut findet ſich auch noch folkomen in den deütſchen Wörtern, di wir mit den Lateinern gemein haben; z. B. in Wein (platdeütſch

deütſch Win), **W a l, W a n e, w e,** Vinum, Vallum, Vannus, væ. Di älteſten beütſchen Schriftſteler Tatian, Iſidor, Kero, Otfrid, haben auch ſon dem Gebrauche des v für ein f nichts gewuſt. Si ſchriben **F a t e r, ſ o n, ſ o l, ſ o r, F o l k, F e r ſ t a n d, f e r b r e ch e n** u. ſ. w. Es iſt alſo ein ofenbarer Misbrauch, wen das v wi ein f ausgeſprochen wird.

b) Auch das ph hat bei den Lateinern nimal den Laut eines f gehabt. Diſes erhelet augenſcheinlich daraus, das Zizero ſein Geſpöt mit einem grichiſchen Zeügen getriben hat, der Φundanius, das iſt, Phundanius, für Fundanius ſagete*). Das ph ward ordentlich wi ein p und h ausgeſprochen, das iſt, es war ein behauchtes p. **P h a e t o n** z. B. klang wi P ‒ haeton u. ſ. w. Da ſich nun diſer Laut fölig ferloren hat, und dafür der Laut des f überal eingetreten iſt: ſo erfodert di Fernunft, das man diſen Buchſtaben auch für jenen ſchreibe. So machen es wirklich di Wälſchen, und ſchreiben dem nach farmaco, fenomeno, filoſofo u. ſ. w., an Stat pharmaco, phenomeno, philoſopho. Im Forbeigeen mus ich hir einen kleinen Irtum rügen, den Her Popowitſch**) beget, da er ſon dem waren Laute des ph handelt. Er ſaget nämlich, diſer Laut wäre

bei

---

*) Quint. Inſt. orat. L. 1. C. 4.

**) Notwend. Anfangsgr. 20 S.

bei uns Pfälzern in den Wörtern Pferd, Pfarer, Pfund u. d. gl. zu finden, als welche wir wi P-herd, P-harer, P-hund aussprächen. Aber mit desen gütiger Erlaubnis. Der gemeine Man spricht hir deütlich Perd, Parer, Pund; feinere Leüte aber lasen das pf in besagten Wörtern eben so deütlich hören.

c) Das c war dem Laute nach bei den Römern eben das, was bei den Grichen das κ. Der Laut, der im heütiges Tages for dem e oder i gegeben wird, ist ein Werk der Barbarn. Di Alten sprachen Kera, Kervus, Kikero, nicht Zera, Zervus, Zizero*). Auch for den übrigen Selbstlautern hat es imer eben den Laut gehabt. Daher sprechen wir secans, secundus u. d. m. fer übel, wi segans, segundus aus. Das c hat aber nicht nur seinen Laut, sondern auch seine Gestalt fon dem κ bekomen. Di Lateiner lisen den geraden Fus des K weg, und so behilten si nur den Winkelhaken ⌊. Als si disen nun ausründeten, kam das C heraus **).

d) Das q ist eine Erfindung der Lateiner in der Reie der Lautzeichen: den di Grichen haben es, wenigstens als einen Buchstaben, nicht gehabt. Da es aber überal einerlei Laut mit dem c, das ist, mit dem k hate:

*) Juſt. Lipſ. de recta Pronunt. C. XIII.

**) Herman Hugo de prima scribendi Origine, C. VII.

hate: so wurde es schon fon filen Römern, z. B.
dem Farro, Lizinius und andern mer, als ein un=
nüzer Buchstab ferworfen. Selbst Kwintilian *)
saget, es dine weiter zu nichts, als das es di Fer=
bindung der 2 folgenden Mitlauter anzeige, di nach
dem c getrenet würden, als quiret zweisilbig, cuiret
dreisilbig; sonst sei es ganz überflisig. Im Deütschen
hat schon Zesen, den man bisher in filen Stüken aus
Neide oder Unferstande getadelt hat, das q in ein k
ferwandelt. Her Fischer, Lerer in Petersburg, hat
disen Buchstaben in seiner Geschichte fon Siberien
auch überal ausgemärzet, und der gelerte Sprach=
forscher, Her Nast **), wünschet ser, das derselbe
algemein nachgeamet würde.

e) Das y wird mit grosem Unrechte Ipsilon genenet:
den es kömt mit dem grichischen Buchstaben, der
disen Namen füret, weder dem Laute, noch der
Gestalt nach überein. Das υ der Grichen hat wi
unser ü, oder wi das französische u geklungen; fon
disem Laute ist aber das deütsche y weit entfernet.
Dises ist aus einem kurzen und langen i (ij) zu=
samen gesezet, weswegen es ii heisen solte. Be=
sagte zwei i wurden for Alters oft beide ausgesproch=
en, wi si geschriben wurden; alein heüt zu Tage
wird in zarten Mundarten, wi di unserige ist, nur
das kurze i gehöret.

27 §.

*) Inst. orator. Lib. 12, Cap. 10.
**) Schwäb. Magaz. 1775, VII St., 556 S.

27 §. Di brite und lezte Grundregel der Rechtſchreibung, di wir oben (5 §) gegeben haben, lautet ſo: „ Ein jeder Buchſtab ſol nicht mer als einen Laut anzeigen „. Man mus dem nach

1) Das ch überal in ein k ferwandeln, wo es den Laut diſes Buchſtaben hat, und folglich Bükſe, drekſeln, Waks, ſeks, Kriſt, Kor u. ſ. w. ſchreiben. Was ferliren wir bei diſer Schreibart? Nichts, ſondern wir gewinen im Gegenteile dabei, indem diſe ſo geſchribenen Wörter Nimand übel ausſprechen kan, welches doch bei dem ch, z. B. in Dachs (ein Tir), und Dachs fon Dach, leicht geſcheen könte. Man wird ſich auch nicht mer zu bedenken brauchen, in welchen Wörtern man ein ch an Stat des k ſezen ſole, welches ſonſt nicht nur bei Ungelerten, ſondern bisweilen auch bei Gelerten, ſeine Schwirigkeiten hate. Weil übrigens der Zug x ſo fil als ks gilt: ſo kan man in nach Beliben auch für diſe zwei Buchſtaben ſezen, z. B. Wax für Waks. Doch ſolte man diſe Ferwandlung nicht fornemen, wen das s ein Wakstum

des Wortes ist, als des Saks, das ist, Sakes fon Sak.

2) Mus man dem t in keinem fremden Worte, desen man sich im Deütschen bedinen wil, den Laut des z beilegen. Man schreibe daher Nazion für Nation u. s. w. Das in den lateinischen Wörtern das t i for einem Selbstlauter wi z i klinge, ist erst durch di barbarische Fermischung der Sprachen eingefüret worden. Bei den alten Lateinern lautete das ti in lætior, Vitium, wi in læti, Vitis*) u. s. w.

3) Weil das u, welches auf ein ä oder e folget, im Sprechen unstreitig ein ü ist, wi H. Hemmer**) bewisen hat, und auch H. Nast***) ausdrüklich behauptet: so mus man häüslich, heüt, an Stat häuslich, heut u. s. w. schreiben. Di Dopellaute äü und eü,

*) Meth. lat. de Mess. de Port royal, 12 edit. p. 650.
**) Rechtschr. 31 S. b).
***) Schwäb. Magaz. 1775, a. d. 559 u. 560 S.

e ü, welche fon den Platdeütſchen folkomen gut ausgeſprochen werden, lauten in einigen Landſchaften wi äi und ei. Hir mus man in den Leſeſchulen anfangen, di rechte Ausſprache einzufüren, welche bi Gelerten unterſtüzen müſen, gleich wi man es hir zu Lande wirklich mit den Selbſtlautern ö und ü machet. Wolten ſich diſe Landſchaften nicht dazu ferſteen: ſo müsten ſi ſich bekwemen, h ä i s l i ch, h e i t u. ſ. f. zu ſchreiben, den warum wolten ſi ire Ausſprache in der Schrift durch einen ſo ungeheüren Abſprung ferläügnen?

4) Mus das u, welches nach der bisherigen Schreibart auf ein q folget, dem w überal Plaz machen, weil es in ſolcher Stele nicht anders als diſer Buchſtab klinget. Dem nach ſchreibet man K w a ſt e, k w e r, k w e t ſch= e n u. ſ. w. (26 §), wi Zeſen, Bellin und Fiſcher auch wirklich getan haben.

5) Wen das ſ zu Anfange eines Wortglides for einem p oder t ſteet: ſo lautet es in Meiſen, bei uns, und in ganz Oberdeütſchland, wi das rauſchende ſch (ſche); ſp a t wi ſch p a t,

D 5   ſt a r k

ſtark wi ſchtark u. ſ. w. Diſes bezeüget Gottſched, Hempel, Popowitſch, Aichinger, nebſt andern Sprachlerern. Eines fon beiden ſcheinet mir hir di Fernunft zu erfodern, das man entweder di Ausſprache nach der Schrift, oder di Schrift nach der Ausſprache richte. So lang wir diſes nicht tun: werden uns di Niderdeütſchen mit Junkern *), Heynatzen **) und andern mer, einen biligen Forwurf machen, das wir anders ſchreiben als wir ſprechen. Wil ſich nun Oberdeütſchland nicht dazu ferſteen, ſeine Ausſprache in diſem Stüke zu ändern (welches doch ſer zu wünſchen wäre, wo fern es möglich ſein ſolte; weil das ſ=p und ſ=t dem Munde leichter, und dem Ore angenemer, als das ſchp und ſcht iſt): wol, ſo ſchreibe es auch ſchpalten, ſchterben u. ſ. w. „Aber ſo würde Deütſchland in der Rechtſchreibung getrenet ſein„. Iſt es im Sprechen getrenet, und wil diſe Trenung nicht heben: warum ſol es nicht auch im Schreiben

ge=

---

*) Nouveaux principes de la langue allemande, I Edit. p. 15.

**) Sprachl, I Aufl. 29 S.

getrenet sein dörfen? Warum solte man sich
weigern oder schämen, seine Sprache so auf
das Papir zu malen, wi si im Munde ist?
Erfodert das nicht di Natur der Schrift (2 §)?
Di Grichen waren hirin ser fernünftig. Jre
Aussprache war geteilet. Si zäleten in den
Ländern, di si bewoneten, für ferschidene Haupt=
mundarten, di si nicht fereinigen konten. Und
was taten si? Di Anhänger jeder Mundart
schriben, wi si sprachen, und recht zu sprechen
glaubeten. Der Atenienser sprach ξὺν, ξυνετόσ,
θάλαττα, für σὺν, συνετός, θάλασσα; und
so schrib er auch. Der Jonier sprach φιλίη,
διήκονος, λόγοισι, κῶς, für φιλία, διάκονοσ,
λόγοισ, πῶσ; und so schrib er auch. Der
Dorier sprach μέγαθος, συρίσδω für μέγεθος,
συρίζω, der Äolier θέρσοσ für θάρσοσ, ὄππατα
für ὄμματα und so weiter; und ein jeder drük=
ete dise seine Aussprache durch di Schrift treü=
lich aus. Zwischen Deütschland und dem alten
Grichenland ist in Anseung der Beschafenheit
der Einwoner, der Regirungsart und Sprache,
eine grose Änlichkeit. Unsere fornemsten
Mundarten werden sich also sermutlich eben so
wenig, als di grichischen, jemals fereinigen.

6) Jn

6) In unſerer Pfalz, wi in merern andern deütſchen Landſchaften, klinget das g in der Mite und am Ende eines Wortglides, wi das ch (che); lebendig wi lebendich, Lauge wi Lauche, geſagt wi geſacht u. ſ. f. Der Laut diſer zwei Buchſtaben iſt in beſagten Stelen ſo einförmig, das dijenigen, di ſi im Schreiben nicht nach Regeln genau zu unterſcheiden gelernet haben, diſelben hundert Mal mit einander ferwekſeln. Diſer hauchende Laut des g iſt one Zweifel falſch. Di Lateiner haten anfänglich den Schriftzug G nicht. Um den Laut deſſelben auszubrüken brauchten ſi, nach Zeügniſe des Auſonius *), ir C. Daher findet man bei den Alten Acna, Leciones, Maceſtratos u. d. gl., für Agna, Legiones, Magiſtratus. Daher kömt es ferner, das man aus centum di Wörter quadringenta, quingenta u. ſ. w. gemachet hat. Der Sprachlerer Karbilius war derjenige, der den Zug G eingeführet hat. Er bildete denſelben aus dem C, auf deſen unteres End er nur einen kurzen geraden

Stab

*) Prævaluit poſtquam Gammæ Vice funēta prius C.

Stab sezete G. Man sit hiraus, das dise zwei Buchstaben, so wol irem Herkomen als irem Laute nach, einander genau ferwand gewesen sind. Kurz, das g war ein gelindes k *), und deswegen solte es auch bei uns nichts anders sein. Es bleibet uns also nichts anders übrig, als das wir l e b e n d i ch u. s. w. schreiben, oder das wir das g am Ende der Wortglider, wi am Anfange derselben, aussprechen. Werden wir das Leztere wol jemals wälen?

7) Di Buchstaben b und p, desgleichen d und t, sind ferwand; si werden durch einerlei Sprachwerkzeüge gebildet. B ist ein weiches p, d ein weiches t. Wer den Gang der Sprachen ein wenig kenet, der weis, das dergleichen Buchstaben leicht und oft in einander ferwandelt werden. Es mus daher Nimanden wundern, das Deütschland hirin nicht einig ist; das eine Landschaft ein b spricht, wo di andere ein p brauchet u. s. w. Auch bei den Grichen war dise Ferwandlung nichts seltenes. Di

Delfer

*) Victorinus Afer: C [K] etiam & G Sono proximæ. G vim prioris lenius reddit.

Delfer z. B. braucheten, wi Plutarch bezeügət *), durchgeends ein β, wo di übrigen ein π braucheten, und sprachen βατεῖν für πατεῖν, βικρὸν für πικρὸν u. s. w. Ja selbst di Römer, di doch in irer Sprache nur eine gute Mundart, wi in iren Staten nur ein Oberhaupt erkanten, konten es in disem Stüke zu keiner Gleichförmigkeit bringen. Einige sprachen und schriben absens, subsigno, sed, quid, haud, adque, quodannis; andere apsens, supsigno, set, quit, haut, atque, quotannis. Kwintilian hilt dafür, es wäre gleichgiltig, ob man dergleichen Wörter auf di eine oder di andere Art schribe. So dächte ich eben für Deütschland nicht. Jede Landschaft solte den Gebrauch irer Mundart fleisig untersuchen, iren Wert oder Unwert gehörig prüfen, und dan dijenigen Wörter genau bestimen, di fon iren Einwonern mit weichen oder harten Mitlautern geschriben werden solten. Bei uns, deren Mundart ser zart ist, würden file Wörter, di bisher wider unsere Aussprache mit harten Mitlautern erschinen sind, umgekleidet werden müsen.

8) Es

*) In Quæst. græcis.

8) Es gibt in unserer Sprache, wi in der französischen, wälschen, und andern mer, ein ofenes und geschlosenes e. Jenes wird mit einer grösern, dises mit einer kleinern Öfnung der Kele und des Mundes ausgesprochen. Keine Sprache auser der unserigen hat, so fil ich weis, für disen zweifachen Laut ferschidene Schriftzüge. Di Grichen haten zwar ein η und ε: alein diser Unterschid der Zeichen war blos für di Länge und Kürze ires e bestimet. Daher kömt es, das dijenigen Fölker, di das geschlosne e son dem ofenen durch di Schrift unterscheiden wolen, ire Zuflucht zu andern Zeichen nemen müsen. Di Franzosen brauchen di Tonzeichen dafür, und sezen das scharfe auf das geschlosne, das schwere auf das ofne e. Man sit leicht, das dises ein Misbrauch diser Zeichen ist, indem diselben, irer Einsezung und Benenung nach, blos dazu bestimet sind, den Ton, das ist, das Steigen und Falen der Stime, anzuzeigen. Daducrh sezen si sich auch wirklich auser Stande, besagten Ton in disem oder jenem Worte, wen es di Umstände erfodern solten, in der Schrift auszudrüken. Ales dises Ungemach und disen Unfug brauchen

wir

wir Deütſche nicht, wen wir nicht wolen. Wir haben für unſer ofenes und geſchloſenes e zwei ferſchidene Züge, für jenes das ä, für diſes das e. Alein dem bisherigen Gebrauche nach iſt es faſt eben ſo fil, als wen wir diſe ferſchidenen Züge nicht gehabt häten, indem ſo wol der eine als der andere bald ein ofenes, bald ein geſchloſenes e ausdrüket. Z. B. in den erſten Silben der Wörter l e b e n, g e b e n, ſ t r e b e n, b e t e n (zu Got), b e t e l n, e r b e n, E r b e, g e g e n, f e l e n, ſ t ē l‍ e n, h e f t i g, k e r b e n, k n e t e n, l e r n‍ e n, m e l k e n, S t e k e n (der), R e ch e n; ferner in P f e r d, H e r d, W e r t, h e r, w e r, d e r, H e r z, S ch m e r z, H e r b ſt; desgleichen in den Forſezſilben e r, f e r, z e r, und in andern mer, höret man ein ofenes e; ein geſchloſenes hingegen in B l ä t e r, b r ä m‍ e n, g ä n e n, h ä g e n, h ä t e, m ä e n, ſ ä e n, k w ä l e n, w ä r e (fon w a r), ſ ch ä z e n, und ongefär noch in 200 andern. Diſe Ausſprache iſt aber auch nicht algemein: ben in einer Landſchaft iſt oft ein e geſchloſen, welches in der andern ofen iſt, und ſo umgekert. Was iſt hir zu tun? Hält man es für

un-

unumgänglich notwendig, den Unterschid des
ofenen und geschlosenen e in der Schrift anzu-
zeigen: so see ich kein anderes Mitel, als das
man herzhaft zugreife, und das erstere durch
ä, das leztere durch e überal, wi es di blose
Aussprache mit sich bringet, ausbrüke. „Wo
würde aber di Herleitung bleiben, wen man
der Aussprache nach Bleter, were,
schezen u. d. gl. schreiben wolte„? Das mus
unser geringster Kumer sein. So bald man
den Laut eines Buchstaben ein Mal bestimet
und fest gesezet hat: so darf man in zu nichts
anders mer, als zu Anzeigung dises Lautes
brauchen, one seine Natur zu zerstören, und
di Schrift der Ferwirung auszusezen (4. 5 §).
Es konte also keine widersinigere und ferwerf-
lichere Regel der Rechtschreibung erdacht werd-
en, als di Regel der Herleitung, welche leret,
ein Wort mit andern Buchstaben zu schreiben,
als darin ausgesprochen werden, blos um sein-
en Ursprung zu zeigen. Den Stam und di
Herkunft der Wörter aufsuchen und wisen, ist
eine fortrefliche Sache, di zur folfomenen Kent-
nis unserer Sprache unentbärlich ist; aber
mus man darum ein Wort so schreiben, das

E   man

man im anseen köne, wo es her ist? Wi? mus den auch der Maler den Son so schildern, das di Züge des Gemäldes seinen Fater zu erkenen geben, auch wen er im einen Bukel anmalen solte, den er nicht hat, blos weil sein Fater bukelig ist? Di Herleitung dörfte uns also in Austeilung der Pläze, bi das ä und e einnemen solten, keine Hindernis in den Weg legen. Übrigens mus ich gesteen, das di jezt forgeschlagene Feränderung ser auffalend sein würde. Solte si in AnsEung desen nicht durchgeen: so wäre di Wunde unserer Rechtschreibung auf diser Seite unheilbar; wir häten zwei Schreibezüge für einen Laut, und ein Schreibezug dincte für zwei ferschidene Laute (5 §. II. III Reg.). Das Übel würde, so fil es möglich ist, gemindert, wen man das ä blos, aber auch one einzige Ausname, für di Wörter bestimte, deren Stam ein a hat, und das e für ale übrige Wörter brauchete. „Wäre es aber in disem Fale nicht ser dinlich, das ofene und geschlosene e dennoch durch ein Zeichen zu unterscheiden, z. B. das man das Dopeltonzeichen (^) über das ofene e sezte„? Wen man das mit dem e tun wolte: müste man es aus

gleich-

gleicher Urſache mit dem ä auch ſo machen.
Wir würden alſo auf ſolche Weiſe fir ferſchib-
ene Züge, nämlich ê, e, â, ä, an Stat zwei-
er bekomen. Das hiſe aber di Schwirigkeit-
en nicht mindern, ſondern fermeren, und
zwar one Not. Den ſolte der unbezeichnete
Unterſchid des ofenen und geſchloſenen e dem
Leſer wol mer zu ſchafen machen, als das
unbezeichnete Ton- und Zeitmas? Wird
man nicht bei einem wi bei dem andern mit
Kwintilianen ſagen könen: Natura ipſa verbi
patet (8 §), das Wort ſelbſt, ſo bald ich es
ferſtee, zeiget mir ſchon an, ob ſein e kurz
oder lang, ſcharf oder ſchwer tönend, ofen oder
geſchloſen ſei. Wir ſind bisher durch kein
Schriftzeichen ermanet worden, das das e in
dem Zeitworte ſt e k e n, wen es tätig iſt,
geſchloſen, wen es ſon der mitlern Gatung iſt,
ofen ſei; und wer hat darum jemals einen An-
ſtand in der richtigen Ausſprache diſes, und
hundert anderer dergleichen Wörter gefunden?
Wen wir di Sache mit Popowitſchen*) genau
betrachten: ſo werden wir auch ein ofenes und
geſchloſenes o in unſerer Sprache finden; gleich
wi

*) Notwend, Anfangsgr, a, b, 5 S,

wi es auſer Zweifel iſt, das unſer ch ſo filerlei
iſt, als wir Selbſtlauter haben. Und doch
haben wir diſes zweifache o, und diſes filfache
ch, one einiges Zeichen, ja fil leicht one ein
Mal an ire Ferſchidenheit zu denken, bisher
gehörig ausgeſprochen. Solten ſich einige
Wörter finden, in welchen di ofene oder ge=
ſchloſene Ausſprache des e in diſer oder jener
Landſchaft nicht genug beſtimet wäre: ſo müſte
man diſelbe alda in dem Unterrichte in den
Schulen, und in den dazu gewidmeten Büch=
ern, feſt zu ſezen ſuchen. Wäre es wol fer=
nünftig, um ſolcher Par Wörter Wilen tauſend
andere mit unnötigen Zeichen beſezen wolen?
Diſe Anmerkung iſt auch fon dem zu ferſteen,
was oben (18. 19 S.) fon dem Zeitmaſe der
Silben geſagt worden iſt.

28 §. Ales, was ich bisher fon Feränder=
ung unſerer Rechtſchreibung geſaget habe, wolte
ich doch nicht gern auf di eigenen Namen one
Unterſchid ausgedenet haben. Den merſten Leüt=
en iſt daran gelegen, das ir Geſchlechtsnamen un=
feründert erhalten werde. Man mus alſo einem
jeden überlaſen, den ſeinigen zu ſchreiben, wi er
wil,

wil, und man mus denselben, besonders in öfentlichen Schriften, auch so nachschreiben. Das di fremden eigenen Namen der Geschlechter und Örter, di keine besondere, gleichsam einheimische Ausprache im Deütschen angenomen haben, ganz unferändert son uns geschriben werden, wird aus einer dopelten Ursache fast notwendig, 1) weil wir manche diser Wörter nach irem waren Laute in unserer Sprache gar nicht ausdrüken könen; dahin gehöret z. B. di lezte Silbe in P r a s l i n, M o n t a g n e u. d. gl. 2) Weil der grösste Haufen di ware Ausprache so filer wälschen, französischen, ängelländischen und andern Namen, z. B. C i v i t a v e c c h i a, R i c c i o l i, B o u r b e a u x, M a l l e b r a n c h e u. s. w., unmöglich wisen kan.

29 §. Das ist dasjenige, was ich son Berichtigung und Bestimung unserer Buchstaben zu erinern gehabt habe. Es ist der Grund und das Hauptwesen unserer Rechtschreibung. Ist diser Grund ein Mal glüklich geleget: so ist das ganze Gebäud so fil als aufgeführet; ales übrige wird uns keine grose Schwirigkeiten machen.

E n d.